그림자로도 저 많은 꽃을 피우시네

그림자로도 저 많은 꽃을 피우시네

갈무리문학회 사찰기행시집

차례

제1부 하늘과 바다의 경계를 지우다

제2부 꽃살문 열어두다

사찰기행 소설

제1부
하늘과 바다의 경계를 지우다

석류나무 사원

우동식

돌산도 끝닿는 곳으로 눈길을 풀어놓으면
은적암을 가리키는 이정표가 보인다
얼핏 둘러봐도 깊은 골짜기 은둔한 암자일 거라는 생각이
후박나무, 동백나무, 팽나무 울울창창한 숲으로 번진다
밖에서는 안이 보이지 않지만
안에서는 밖이 다 드러나 보이는 뜰 안
석류나무 한 그루,
입술 부르튼 목탁이 주렁주렁 열려
그 해탈한 웃음소리에
잎들이 쫑긋쫑긋 귀를 세운다
하안거 중인 고승의 염불 소리 알알로 맺혀
톡 톡 톡 두들기면
시큼 달콤한 경전의 말씀이 쏟아져 내릴 것 같다
사원 앞에서 동박새들이 예불을 한다
다람쥐 한 마리 나뭇가지 위에서 경배의 자세로 멈추면
풀들도 잠시 그쪽을 향하여 몸을 누인다

해국海菊

이생용

용월사 벼랑 끝에서 해국을 보았네

오래전 그 사람 얼굴을 빼어 닮았나

너의 잠 위로 그리운 가을이 피었네

새로 시작 되어야 하는 모진 목숨
돌고 돌다가
한번, 큰 소리로 불러보는 이름

직선으로 흐를 수 없어 휘감아 도는 파도소리에
꽂은 절 아래 허공에 박히는데

손금이 닳도록 빌고 빌어
다시 피는 새벽, 가슴에서 끄집어낸 생

꽃무릇 필 때면

임호상

꽃무릇 필 때면
홍국사 영취산 사잇길
돌탑과 돌탑 사이
꽃무릇 필 때면
미련한 사람 하나 생각나겠네

108개 무뚝뚝한 그림자
오르내리다 머문 자리
당신의 시간도 보시되어
사람 하나 생각하겠네

당신의 생각 하나, 둘, 셋, 넷,
큰 탑이 되고
큰 산이 되겠네

툭, 툭, 툭,

짙다, 붉다 라는 말

임호상

선운사 동백도 그렇고
구례 화엄사 홍매도
만만치 않다는 소문이다
그래도 칼바람 맞아가며 살아온
오동도 동백은 바람에 툭툭 떨어지지 않고
파도소리 듣고 제 목숨을 꺾는다
붉다, 짙다,
대충 건드려 볼 심상이면
눈길도 주지 마라
미치도록 사랑할 수 없다면
다가서지 마라
한번 정주면 목숨까지
툭,
툭,
발자국 소리도 들리게 하지 마라
속 감출 줄 모르는
오늘, 더욱 더 붉어질라

겨울나기

황영선

찬 바람이 쏙쏙 시린 어깨로 스며들 때
어느 누군가는 누군가의 뜨거운 심장으로
이 찬 겨울을 따뜻하게 데울 수 있을 것이다
단지 새들의 울음만으로도 산은 흔들리고
잎잎이 떨어지는 낙엽 사이에 몸을 붙인
작은 생명들도 그들의 무리에선 추운 겨울을
잘 견디고 있다
내 것이 아닌 겨울이 꿈이라면
내 것인 겨울은 욕망이다
꽁꽁 싸맨 당신은 나를 힘차게 하게도 하고
나를 슬프게도 한다
지구상에 한 점인 내가 부서지지 않도록
절실한 기도가 필요한 때다

향일암

성미영

자칫 발이라도 헛디디면
천 길 낭떠러지인 바위산 날망
소원은 늘 깎아지른 절벽에서
일어나는 것
막다른 생의 골목이
이곳에서 열리기도 하고
바람 같은 유목의 영혼들이
이곳에 머물다 갔으리라

올려다보던 눈길
한 발치 멀리 두면
끝 모를 파랑의 바다
가라앉았다 솟아오른 하루처럼
깊은 나락의 끝에서도 희망은
시작되는 것
까마득한 바닥의 절망이
이곳에서 환해지기도 하고
끄달리던 생의 번뇌들이

고요를 찾았으리라

소란을 피해 잠시
세상에 없는 사람이 되고 싶을 때
백척간두 그 순간이 절실할 때
오가는 이들과 어깨를 부딪치며
고개를 숙여야 하는 좁은 바위기둥
해탈석문 지나
이곳에 올라 바다를 바라볼 일이다

경계라는 말

송정현

금오봉이 하늘과 바다의 경계를 지웠다
쪽빛과 하얀빛의 교묘한 그레데이션
안과 밖의 띠를 만들지 않는
새도 화장법을 익힐 무렵부터
속과 겉의 경계를 허무는 연습이 시작됐지만
아직도 미완성인 뫼비우스의 띠

싫은데 좋은 척하는 건 위선이에요
그런 어른이 되는 건 적성에 맞지 않아요
아가야, 잘 자란 어른은
작별 인사하는 한낮에게도 슬프지 않은 척하며
내일 또 누군가를 위해 따뜻해지기를 기도하는 거란다
불이 들지 않는 가로등 앞에서 위풍당당하게 걷는 거란다

아가야 잘 자란 어른이 되기 위해
가끔은 중앙선이 없는 하늘 길로 향일암에 오를 일이다
기다리지 않으면 더 이상 나가지 못하는 길에서
모르는 사람과 마주칠 때 잠시 바위틈 벽에 기대어서

지우고 허물어 경계를 지운다는 그 말에
너도 나도 함께 마음을 주고받는 것이다

촌놈村者

이생용

운주사 와불님을 만났지요
여름이야 그만 그만 살만 하셨겠지만
겨울날 어떻게 계시는지 하도 궁금하여 한 걸음에 갔었지요
칠성바위를 지나고
바위 아래 여기저기 계시는 부처님의 얼굴이
아래 마을 농사꾼 최씨나, 이씨 얼굴보다 곰보시고 촌스러워
하마터면 건방지게 너털 웃음을 쏟을 뻔했지요
하기사, 번들번들 돼지기름이 자르르 흐르는 얼굴이었다면
밤마다 계집질에 탐욕이나 한 줄 알고
되게 욕이나 하고 돌아 섰겠지요
힘들게 산을 오르는 동안
우스꽝스럽고 촌스런 부처님을 만드신 석공이
아랫마을 사람이라 생각하니 얼마나 신나던지요
촌놈은 촌놈을 알아본다고
와불님이 지금처럼 누워 계시지 않고

좌불이나, 반듯하게 세워 놓으셨다고 생각하면 끔찍하
구만요

봉놋방 아랫목에 누이고, 천불천탑千佛千塔을 꿈꾸었을
가장 촌놈의 생각이 가장 토속적이고 인자한
부처님을 만드셨다구요
인정하시지요
와불님!

운주사

박해미

사랑하는 그대가 보이지 않는다고
사랑하는 그대가 내 곁을 떠났다고
그대 탓한 적 참 오랜 세월이었지요
꿈속처럼 그대 내게로 와
언젠가 한 번쯤 가 보았던 그 길
나란히 걸었지요
문드러지고 일그러진 지 부처도
누군가 간절히 그리워서였을까요
그대가 한결같이 나를 생각한다면
내가 한결같이 그대를 생각한다면
환한 대낮에도 북두칠성은 반짝거리고
우리가 바람의 향기로
또다시 만나
삼백예순의 날이 천 번을 지나면
그때쯤에 우리는 나란히 누워 내내 행복할까요

내가 그대만 생각했던 꿈속에서는
일주문 넘나드는 햇살도 부끄럽지 않았지요

불일암佛日庵 가는 길

이생용

연어가 뛰고 있었다
언제 거슬러 왔는지
지느러미를 힘차게 후려칠 적마다
온몸은 점점 붉은 혼인색으로
번져가며 파닥거리고 있었다
만나야 한다며,
그 험한
푸른 바다에 길을 내며
힘차게 거슬러 올라 품어 내는 휘파람 소리에
붉은 비늘로 부서지며
꽃비를 뿌리고 있었다
죽비 소리에
눈을 뜨니
연어는 보이지 않고
꽃무릇이 피고 있었다

비사리구시

우동식

영혼이 빠진 음식 먹는 날에는
재수에 옴 붙은 날
주인까지 밥맛없어 보인다
속이 편치 않고 뒷맛도 개운찮아
밥벌레 같은 놈, 폭삭 망해버려라
문 나설 때 저주와 악담까지 퍼붓는다
머지않아 그 식당은 개밥에 도도리 꼴
밥벌이는커녕 찬밥신세, 국물도 없다
속일 수 없는 입맛이니
그 입에서 좋은 입소문 나겠는가

송광사 비사리구시는
4천 명의 밥을 담을 수 있는 밥통이다
money 뭐니 해도
알고 보면, 다 밥 짓고 밥 푸는 일
잘 먹고 잘 살자는 일 아닌가
세상만사 다반사가 제 밥그릇 챙기는 일
밥심으로 살고 밥이 곧 법인데

밥상 공동체의 행복을 차 버리다니
송광사 비사리구시 앞에 서면
먹고사는 일이 다 경구를 읽는 일이다
영혼의 밥통을 채우는 일이다

그 큰 법전이 입을 열고 공양하고 가라신다

선암매 유정有情

최향란

선암사 종정원 돌담길 찾아가는 아침
천년 세월 흩어져 헤매지만 길 없겠습니까

남아있던 단 한 톨의 그리움 깨워
성큼 들어온 향기시니

길었던 그리움 원망도 없이
스스로 흥겨워 자꾸 피는 꽃 보아요
제 몸 다 덮은 오, 떨리는 사랑

또다시 눈멀어도 어쩔 수 없어
뜨겁게 열매 맺히는 소리 엿듣고 말겠지요

부도浮圖전에 서서

이생용

수런수런 입들이
점점 줄어드는 가을 배추밭
비 내리고 있네
아직 다물지 못한 잎들을 씻어 주고 있네
더러는 부드러운 속살까지 스며들어
상처 난 자국을 어루만지다 말고
눈물로 꽃피우고 있네
지난여름
수마水魔의 그림자를 벗어 던진
배추는 배추로 묶일 것이네
지푸라기로 묶어 놓은
단단한 몸들은
선암사 부도浮圖전 석종이 되고
텃밭에서 시작한
종소리
덩~~덩
가을 산을 넘어가고 있네

선암사 홍매

박해미

꽃 피고
꽃 지고
또 꽃 피고
또 꽃 지고
또또 꽃 피고
또또 꽃 지고
또또또 꽃 피고
또또또 꽃 지고

선암사 후문後門, 노스님 가부좌로 앉아 계신다

꽃 지고
꽃 피고
또 꽃 지고
또 꽃 피고
또또 꽃 지고
또또 꽃 피고
또또또 꽃 지고

또또또 꽃 피고

천년을 등에 업고도 졸고 계시는 노스님
업業 하나 건너지 못한 채 가지에 걸린 내 꼰지발, 여전히 붉다

미황사 괘불재

— 불기 2556년 볼라벤 태풍이 지나간 가을날에

하병연

봄 가고 여름 가고 가을 가는데
바람 불고 잎 나고 배꽃 피었습니다

짧은 하루를 보았어요

느티 잎이 떨어져 내리는 길을
사람들은 배낭을 베고 낙엽 속으로 걸어가고 있어요
구절초는 꽃을 피워 올려 하얀 꽃등을
너무 높거나 너무 낮은 곳에 매달지 않고
그만큼의 자리에 그만큼만 매달아요
산길 비탈길 위로 가을 햇살도
조촘조촘 자기 길 걸어가고 있어요

이 가을날, 배꽃 피어 사람들은 철없이 웃지만
절망이라는 끝을 넘어서기 위해
격랑 끝에 피워 올린 꽃의 고요에 나는 허물어집니다
미황사 부처도 이 꽃 보기 위해
오늘은 대웅전 박차고 나와 괘불로 우뚝 섰습니다

〉

스피커를 통해 석가모니불 정근은 계속 이어지고
가을을 견디고 있는 중생들은 환한 생불生佛 모셔갑니다
괜찮다…… 괜찮다……
공중 낙엽 같은 몸 안으로 맑은 물 한 방울 떨어집니다
이 세상, 아름답게 꽃 한번 피워보고 가라고
달마산 아래 석가모니불 오셨습니다

미황사美黃寺 돌배나무

이생용

금강석金剛石으로 둘러싸인 미황사를 찾아 갔습니다

물봉선이며, 바디나물꽃이
눈물 나도록 피어있는 산길을 올라 절집에 들어서니
소 울음소리가 아름답게 들릴 것 같은 고요가 있습니다

가을 햇살이 섬과 섬 사이 땅끝을 지나
금강석金剛石 산등을 너머 대웅보전 앞마당에
푸른 바다를 펼쳐놓은 듯 곱게 내려 왔습니다

대웅보전 4개의 초석인 물고기, 자라, 거북이, 게 등이
물 만난 고기처럼 첨벙거립니다
물장난에 옷깃이 흠벅 젖었습니다

옷깃을 말리려고 명부전 뒤뜰에 들어서자
하얀 배꽃이 피어 있습니다
봄에 피우려 감추어 놓았던 꽃망울을 고통인줄 알면서
피우고 있는 중입니다

〉

화사한 미소로 배꽃 아래 서 있는 여자는
나무의 아픔을 아는지 모르는지 카메라 셔터를 눌러댑니다

경계를 허물어버린 태풍 산바가 야속도 하지만
내년 봄에도, 그 다음 봄에도 두려움 없이 하얀 배꽃을 피울 겁니다

미황사 돌배나무는,
부처님의 품 안에 있기 때문입니다

선암사 선암매

황영선

아직 그대는 멀고
가슴속에 봉오리 봉오리
터져오르는 그리움을
덮을 수가 없습니다

제2부
꽃살문 열어두다

불갑사 꽃비의 상서祥瑞

최향란

대웅전 앞 세 칸 세 짝의 꽃살문 열어두었다

바람의 호흡으로 창살을 끼워
이음새에 꽃향기 매달았다

문살에 새겨질 꽃
만다라꽃, 마하만다라꽃, 만수사꽃, 마하만수사꽃
깨달음의 꽃이 어디 정해져 있을까

십 소겁을 날아오고 시들면 다시 날리고
일백유순의 꽃비 중에
꽃무릇도 한 송이 불갑사에 날렸는가

한 해 두 해 잎도 없이 견뎌온 수행자
영영 손잡을 수 없다 해도
빛처럼 반짝이고 붉게 뻗어나가는 만리 길

격지살과 빗살이 교차하는 문살에
꽃무릇 공양 삼매에 드는 순간이다

꽃무릇

황영선

걸음을 옮겼다
훅 들어오는 반가움
화단 한편에 수줍게 피워 올린
널 발견하지 못했다면
까마득히 잊어버렸을 부재였을 것이다
기다렸거나 그리웠다는 말은 생략한다
애초부터 거기가 너의 밭이였기에
나비는 내 눈빛 따위는 아랑곳하지 않고
너에게로 가 한참을 놀고 나온다
생략된 그리움 붉은 꽃술 위에
살짝 얹어 놓을 때
열정의 향기는 깊은 눈을 열어
젖은 숨결을 만난다

선운사 동백

임호상

다른 꽃들은 눈치 보느라
속 드러내지 않는데
성질 급한 동백만 꽃 피었다

풍천장어에 복분자 한잔
모두들 붉으자작한 얼굴로
이 꽃 저 꽃 환하구나
꽃술 같은 말들, 취했다

꽃 없다고 투덜대지 말고
복분자나 한잔 하세
내 잔 한잔이면
당신도 금세 꽃 피우겠다

동백꽃, 동백꽃, 붉은 그것

최향란

선운사 동백숲에 이르러 사라지는 달거리 이야기를 할까 해요
나를 이 세상에 날아오게 하고
가지가지 꽃 피워냈던 그것
붉은 꽃 실컷 피어있는 저 동백나무 아닐까 싶네요
초경이 낯설어 목 놓아 울던 새벽
얘야, 이 붉은 빛깔이 얼마나 고운지 너는 아직 알지 못하지
아침이면 오는 밝음처럼 그냥 스쳤던 그 말
어머니의 어머니 할머니의 할머니 적
진흥굴 앞, 도솔암 아래 무릎 닳도록 기도 했다면
폐경이라는 단어는 혹여 없었을까요
서른다섯 나이에 적출 되었던 어머니의 자궁
뿌리까지 잃은 어머니 어디에 기대셨을까요
아버지는 어디로 갔는지 발가락마다 박힌 옹이 얼마나 아팠을까요
선운사 동백꽃 저리 많은데
빛바랜 꽃잎은 흔들려도 고운데

까치발로 올려보며 단단히 붙잡으려 해도
내 안의 나무도 꽃 자꾸 비워내고 있어요
오늘은 대웅전 뒤로 꽃 잔치 펼쳐지는 날이네요
떨어진 동백꽃 주워 손톱으로 꾹꾹 눌러요
억지로 짓이기니까 발그레 지는 게
그러니까 마치 눈부신 빛줄기 내게로 연결되는 느낌은
나만의 착각인가요
내 인생이 가만히 빠져나가는 동백숲에서 여자 아이가
걸어오고 있어요

선운사禪雲寺 그 여인

우동식

아찔,
눈을 비빈다
농무濃霧다
신선이 나올법한 적막이
산사를 덮는다
한 점 나의 위치조차
추적이 불가하다
어디쯤 흐르고 있을까
한 발자국도 움직이지 못하고
딱 멈췄다

순간,
서서히 서서히
눈앞이 열린다
돌담에 새기듯이
한 꺼풀씩
실루엣이 선명해진다
허리를 굽히다가 무릎을 꿇는다

도솔천에서 막 올라 온 듯 수선화 그 여인
젖은 몸으로 살포시 고개 숙인 해탈의 미소
신선하고 청초한
그래서 스스로 고고한
첫사랑

그날 이후
내 안에 피고 지는 그 여인

선운사, 송악

박혜연

저것은 푸른 방이다

어미 나무 커다란 밑둥에
공기뿌리 내밀어 터를 잡고는
벼랑 같은 날들에 못질을 하고 있다

푸른빛 새어나오는 곳에
달빛 머물 창 하나 내걸고

두 주먹 불끈 쥔 채
바람의 날개 위에 쾅쾅
단단한 망치질로 기둥을 잡아가고 있다

아침저녁으로 쏟아지는
풍경소리 독경소리는 축도와 같아서

벽을 감싸고 감싸
사나운 바람에도

무너지지 않을 성벽 쌓고 있다

움켜쥔 주먹도끼 하나로
길 없는 길을 걷고 걸어

벼랑 같은 세월이 나의 길이었다고
저 허공 위
푸르게 우뚝 선 방 하나 만들고 있다

동백꽃 한 송이가 툭!

— 선운사 명부전 앞에서

김수자

흰빛을 지나 푸른빛을 건너 노란 봄빛을 붙들고
동백꽃보다 더 붉은 조등으로 내게 오신 그대

나는 그대와 한 권의 책속에서 살 것입니다
이루어질 수 없는 것을 뛰어넘는 상상과
오래된 은유로 매일같이 그대를 읽습니다
나는 그대를 위해 뜨거운 국물이 있는
국수를 끓이는 페이지에서 오래 머물고 싶습니다
색종이로 접은 노란 나비와 책갈피에 물든 네잎클로버
옛날 찻집 탁자에서 티슈에 그린 솔숲 그림이며
바닷가에서 진담처럼 들려준 청둥오리 잡는 법이며
메모지에 쓴 매화꽃 편지며,
기억 속의 그대가 여백으로 남아 있어
그대 옆에 동백나무가 있는 선운사 봄날 오후를
놓아두었습니다
나는 다음 페이지의 그대를 기다리며
쉼터에 기대앉은 그대로부터
세상의 모든 것이 시작되는 에필로그를 생각합니다

그대가 있고 동백꽃 그늘이 있고 내가 있는
책의 맨 뒷장을 덮기 전

때마침 동백꽃 한 송이 툭, 떨어집니다

여름 선운사

박해미

살면서 악착같이 울어본 적 없다

선운사 입구, 한눈팔다 잠깐 아득해질 때
어느 쪽으로 들어서야 할지 가늠하지 못할 때
매미가 쩌렁쩌렁 울어댄다
나 저렇듯 매미처럼 울어본 적이 없다

선운사에 와서 알겠다

펑펑 피어나는 동백꽃도
때 되면 그냥 피어나는 것이 아니다
이파리마다 잉걸 같은 햇빛 불러 모아
푸르디푸르게 타오르다 그 울음 어쩌지 못했을 때
비로소 붉게 꽃으로 쏟아진다

다시 태어나 찾아오다*

박혜연

꽃이 창이 되어 날아왔네
천 년의 바람을 가르며 다문 입술 향해 날아왔네
피하기에는 내 몸이 너무 더뎌
그만 아, 그 꽃을 온 입으로 받아야 했네
꽃잎 하나하나에 바람의 흔적 전생의 냄새였네
전령의 비둘기처럼 제 혼을 정확히 찾은 듯
꽃은 화르륵 입 안에서 피어 올랐네
몸속의 전생과 후생이 출렁였네
다시 피어나는 꽃잎에 차례로 입을 맞췄네
문득 입을 박차고 날아오르는 꽃창살
산수유 노오란 봉오리로 맺혀 있네
샛노랗게 환한 봄날이었네
우수수 내소사 앞뜰

* 내소사 절 이름의 뜻

내소사에는 木魚가 없다

이생용

내소사 문학기행 나선 아침, 북어 해장국이 식탁에 올라왔다

북어北魚가 해장국으로 나오는 날 나는 왠지 마음 한쪽이 슬펐다 술꾼들의 속풀이를 위해 북어는 새벽부터 다듬이 돌에 올려져 자신의 영혼까지도 잘게 매를 맞지 않았던가, 누군가를 패고 두들겨야만 제 화가 풀리고 맛이 나는 세상, 문득 권투선수 김득구의 얼굴이 떠올랐다 생애 최후의 결전에서 그는 결국 성한 곳이 한 군데도 없었다 처참하게 일그러진 얼굴로 결국 두 발로 일어서지 못했다 종일 허리께를 곧게 펴서 허공에 매달린 내소사 목어를 본다 창자를 도려내고 가슴속을 깊게 파낸 자리에 허공이 한 줌 고여있다 속 깊은 상처에서 나오는 맑은 소리 너머로 관음봉 산그림자가 부서진다 나는 눈으로 그림자를 대웅전 앞 마당까지 데려다 놓고, 신명이라도 올랐는지 직소폭포 물소리를 길러와 그 속에 전나무 푸른 잎들도 구겨 넣고, 구름도 몇 장 불러서 연못 하나를 만들었다 쇠줄에 감긴 목어를 풀어 연못에 넣어 주었다 은빛의 비늘 뒤켠에서 꼬리가 요동을 친다 대웅전 앞 천 살도 넘은 것 같은 느티나무

할매가 만 개의 덧니를 내보이며 허허롭게 웃어 주었다 누군가 내 머리를 흔들어 깨운다 아지랑이 너머로 눈물이 오르는 깨끗한 봄날이다

다솔사 적멸보궁

박혜연

떨어진다는 것은 무엇일까요
저 달이 자꾸만 나에게로 떨어져요
나는 달과 충돌하지 않으려
달보다 한 발짝 물러나 떨어져요
내 뒤에 있던 보리수 열매도
나보다 먼저 떨어지네요
보리수 뒤에 있는 부처님도
열매보다 먼저 발을 떼며 떨어지고 있어요
우리는 한 발짝씩 먼저 떨어지며
서로를 둥글게 당기고 있네요
달은 나를, 나는 보리수를, 보리수는 부처를
한 치의 오차도 없이 서로를 맴돌고 있어요
떨어지면서 떨어지지 않는 사이
그 사이에 흐르는 무수한 강물과 바람과 인연은
또 어느 은하수에서
달이 되고 보리수가 되고 부처가 될까요
떨어지는 붉은 사과를 베고 누워있는 부처님
우리는 어느 별에서 또다시 떨어지며 사랑을 할까요

불상 없는 적멸보궁전 너머 양지바른 곳
당신의 사리를 안치한 탑을 돌며
나는 자꾸만 떨어집니다
떨어지며 떨어지며 당신의 별과 하나가 됩니다

염화미소

우동식

그 노승의 염불소리
들끓는 한 세상을 잠재울만했다
빽빽이 둘러친 적송들도
앞 다투어 허물을 벗는 듯
불자들은 연신 한 몸이 되어
합장을 하고 무릎을 꿇는다
부처님은 아랑곳히지 않고
듣는지 마는지 세상 편한 자세로 누워
열반에 들기 전인데
다솔사 적멸보궁
부처님도 쉬고 싶은 모양이다
실눈을 뜬 것인지 감은 것인지
세상을 구한 듯 조롱한 듯
야릇한 미소만 짓는다
법문을 돌아서는 찰나 면벽하였는데
허한 마음을 눈치채셨는지
"차茶나 한잔 들고 가시라" 한다
속세의 말이 이곳에선 말씀이 될 수 있을까

그 미소와 음성이 산문을 나와
차 농원까지 따라와 가슴을 우려 내였다
농장 주인께서 팽주가 되어
천天 지地 인人
마음心 세 개가 하나 되면
그게 무심이라고,
차 한잔 따른다
운주사 부처님은 산등선 바위에 누워
아직도 별을 헤아리고 있을 테고
다솔사 부처님은 잠에서 깨어나지 못했는데
찻잔 안에서 나는 빛깔 곱게 웃는다

다솔사 와불

하병연

오늘은

앉지도 서지도 못하는

앓아누운 와불이 되어요

누가 천리만리 밖에서 오고 있나요

차꽃은 절 마당 가득 내려앉았는데

아무 말 없이

천년 적멸보궁

한 가지가

멀건히

흔들리고 있어요

누가

누가

누가

천리만리 밖에서 오고 있나요

차꽃은 절 마당 가득 내려앉았는데

꽃

하병연

말간 얼굴을 한
부처여

당신 앞에 놓인 꽃들은 무엇입니까?
당신의 가장 속이고 싶은 얼굴들이 엎드려
시들고 있는 겁니까?

시들고, 시들고, 시들어
시든 얼굴들이 모두 떠나고 나면
그 마지막 자리에 남은 맨 얼굴은
어떤 꽃으로 엎드려 있습니까?

나는, 그 꽃에 절하며 다시 묻겠습니다

이 화창한 봄날,

희거나 붉거나 노란 얼굴을 한
문밖 목련이

왜, 또, 다시 말간 절간들을
공중에 내거는 까닭을

숲에서

박해미

밑둥 잘린 나무의 나이테가 따뜻하다 어느새 조화를 이룬 색깔의 중심에서는 아직도 삶의 온기가 묻어난다 이승에서의 그 나무, 온몸으로 상수리나무의 낮은 어깨를 떠받들고 살았다 곁의 상수리나무 푸른 팔 하나가 밑둥 잘린 나무의 상흔을 어루만지고 있다

구도求道

성미영

한 계단 한 계단 밟으며
법당에 들어서는데
부처는 이미 나를 알아보고
목탁소리로 다녀가신다
더 숙여라
더 숙여라

울울창창 열리는 문이 있다

최향란

다솔사에 일주문이 없다는 거 알고 바깥으로 향하는 둥근 문을 생각했소 삼나무 향기는 눈에 보이지 않지만 나는 향기의 길을 더듬어 그 문을 연다오

천도제를 올리는 사람은 눈먼 물고기처럼 멈춘 시간 속에서 웅크리고 나는 뿌리가 들려진 어린 삼나무였기에 부처가 내준 자리 빌려 지친 영혼 잠시 쉬고 있을 뿐이오 우리는 위로할 수 있을 만큼의 거리는 두고 만나는 사람들이잖소

배롱나무는 백일 동안 피운 생 아름다이 털어낼 줄 안다는 말을 들은 적 있다오 부처꽃이란 또 하나 이름으로 그늘조차 붉게 누운 날을 본 적 있다오 꽉 쥐었던 주먹 펼쳐서 얼키설키 복잡한 손바닥길 간 적 있다오

뿌리가 올곧게 내리려면 상처 몇 개는 아무렇지 않은 듯 건너야 하는 거라오 내 주먹 안 깊숙이 묻혀있던 주름 잡힌 생 두드리지 않아도 울울창창 열리는 문 있어, 투명한 인사로 깨어나 맘껏 들어오는 한 세상을 꿈꾸기도 한다오

가을 , 다솔사

송정현

한낮의 다솔사가 꽉 찼다 햇빛과 바람과 시간을 거느리고 저녁을 향해 내딛는 발등 위로 한 잎 두 잎씩의 비움을 내려 놓기 시작한다 겨울을 맞이할 준비인 것이다 오랜 세월 견딘 소나무들이 정갈한 자세로 서서 길을 지키는 것도 생멸의 이치에 자신을 얹어놓은 모습이다 제 무게를 바람에게 내어놓은 까닭이다 부러진 청솔가지 아래서 거느림이 지나치면 상처가 되기도 한다는 것을, 한 가지의 소원만 들어준다는 적멸보궁 사리탑을 돌았다 한 걸음 한 걸음 뗄 때마다 잡념이 내 안에서 시끄럽게 날뛰고 있다는 사실을, 여백풍경이 가을 소리를 내며 나직하게 울렸다

지리산 산부엉이

하병연

산청댁 해 지자 머리 감고

어디 그리 바삐 가시나

가실은 아직 멀었는데

밤 산에 밤도 주워야 하는데

남몰래 어디 그리 가시나

흰 보자기에 흰 별을 이고

굽은 허리에 굽은 달을 업고

참빗살 나무 지나

미륵재 넘고

참새미 건너

바람처럼 어디 그리 가시나

산몬당 칠성당 환하게 밝혀놓고

지리산 골짝 울려놓고

어디 그리 바삐 가시나

바람처럼 어디 그리 가시나

제3부
깊고 푸른 집 한 채, 부처의 나라

대원사 가는 길

하병연

물은 아래로 흘러

산은 그 자리

대원사 가는 길

수많은 발자국에 밟힌 돌멩이 하나

물은 깊어

산은 푸르러

언제나 그 자리

해인사 장경판전의 각수

박혜연

한 세월의 기도가 쏟아질 때마다 하나의 글자가 새겨졌다

오랫동안 내 안에 숨겨둔 산벚나무 향 출렁였고
순간 갈비뼈가 아프기 시작했다

너의 몸 어딘가에 새겨진 기도의 말을 찾았다
왜 소망은 어긋나기만 하는가

둥근 달이 떠도 더 이상 기도할 수 없던 밤
바람처럼 손이 흩날렸다

잃어버린 모국어를 찾듯
뻘밭 속 너를 일으켜 세운다

너는 뻘밭 속에서 나는 절망 속에서 단단해졌다

내 호흡 속에서 너가 음각되는 시간
한 글자마다 한 번의 절

너는 그렇게 내게 기도가 되었다

남쪽 아래와 북쪽 위에 큰 창을 내
햇살과 바람을 부드럽게 하고

흙바닥엔 숯과 횟가루 소금을 묻어
물기를 순하게 다독여

오랫동안 너의 몸에 산벚나무 향 머물게 했다

남쪽 창에 든 아침 햇살 발 밑에 머무는, 순간
내 갈비뼈 사이사이로 산벚나무 차곡히 들어 앉는다

해인사 소리길에서

하병연

어찌하죠?
이 소리들을 다 담아서 비로자나불 앞에 풀어야 하는데
새소리, 물소리, 바람소리

오돌토돌 나는 물방울처럼 섰다

내 속에서 百花가 자라는 소리여
팔만대장경에 박힌 글자처럼 또렷한 소리여

남은 생을 쏟아서
한 걸음 떼고, 또 한 걸음 떼고
떼어

山 무덤 지나

해인사 비로자나불 앞에 서서

내 안 소리경들을 다 토해내고

마침내 소리길 되어

스~읍

눕고 싶은

해인사

임호상

참 오래도 읽고 있다
수장고를 자유로이 오가는 산 그림자
묵은 경판 넘기는 소리 들린다

여러 길을 내어줘도 들어오지 못하는 사람
날씬한 생각만 이곳에서 자유롭다

산은 그림자로 천년을 쓸고 있다

팔만개의 생각도 저 바람도
오늘은 산을 제 그림자로 가둔다

해인사 소리길을 걷다

김수자

참 오랜만입니다
대장경 테마파크 맞은편 내리막길
나무다리를 건너 소리길을 걷습니다
언제부턴가 주파수를 맞추지 못한
세상의 모든 소리들
대못으로 가슴을 할퀴는 것 같은
금속성 날카로운 이명이
밤낮으로 고막을 그어댔습니다
누더기 옷을 걸쳐 입은 온갖
벌레들의 날갯짓이 잉잉거렸습니다
오랫동안 시달리던 이명에서 벗어나
문득 고요해진 순간,
세상의 모든 소리가 지워지고
하얗게 하얗게 우주만물의 소리가 귀에 들기 시작했습
니다
귀를 기울이면 물소리, 새소리, 바람소리, 세월 가는 소리
고요하게 그 맑은 소리 오늘 참 오랜만에 듣습니다

통도사

송정현

영축산 아래 단좌하고 있는 양반
아우라 비범하다
길 잃은 중생 포근히 안아
곧 터질 듯한 번뇌 볼륨을
고요로 가만히 낮춘다
일주문, 천왕문, 불이문
사방의 문을 열어 외인을 들이고
구룡지 옆 고양이 오줌자국 말리는 바람은
금강계단 오르는 동안
두손 모아 연밥 지어 연꽃 피운다
국화꽃, 모란꽃 천장
적멸보궁은 꽃향내 가득하고
삼층석탑 도는 염불소리,
전국방방 곳곳으로 가 닿은
지체 높은 큰집 자애가
백팔 번 절하고 단아하게 앉았다

통도사 목어

임호상

대웅전 앞 적향赤香은 군무를 짜는지
바람도 침묵이란 옷을 입는지
불심도 바람으로 일어섰다가 앉았다가 했다

범종루 잘 말린 목어木魚
저리도 오래 참선하고
저리도 오래 묵언하고
이곳에서 스스로 깊어지니
짜디 짠 불심, 온몸에 비늘 핀다

견디다 못한 홍매화만 스스로 붉은데
목어는 시선 한번 주지 않는다

목어는 도통 시끄러운 법이 없다

통도사의 하늘

박혜연

시작도 없고
끝도 없어

짧은 생으로는
가늠조차 힘든 나라

일주문 통해 들어온
인연에 목매인 능소화도
신성을 닮고 싶은 연꽃도

청아한 독경 소리로
부처님을 만나는 곳

영축산 넘어 온 바람도
금강계단 앞에서 깊게 고개 숙인다

하로전 중로전 거쳐 상로전에 도착한 중생들
대웅전 대방광전 금강계단을 통해 적멸보궁에 든다

〉

시작과 끝이 깊고도 넓은

부처의 나라에서 깊고 푸른 집 한 채 얻는다

통도사를 다녀와서

성미영

흘러가다 잠시 머무는 강물처럼
아무것도 내 것인 것이 없고
어느 것도 내 것 아닌 것이 없는
구름 같은 들판의 나무 같은
풀 같은 마음으로 들어서기에는
너무나 컸습니다

웅장하고 장엄했습니다
수령 깊은 나무들 돌다리 돌탑
법당마다 묻어나는 아련한 세월과
노동의 소신공양에
하마터면
거대한 산사 뒤에 숨은
희생만을 읽을 뻔했습니다

하늘까지 내밀던 배롱나무의
연분홍 소원마저 염료로 보시되었음을
나팔귀로 염불을 듣던 능소화의 꿈도

법당의 처마 속으로 스며들었음을
목탁소리 따라 오가는 무량한 범민들의 기도가
처처에 촘촘히 쌓여 있음을
다시 읽었습니다

이루지 못한 애절한 염원들과
줄기보다 뿌리보다
먼저 몸을 던진 잎사귀들의 다비를
묵상 속에 담았습니다

통도사 설법전

황영선

의외였다
먼 어딘가에 있을 법한 커다란 집 한 채
흔들거리는 바람을 안으며 자랑스럽다
미처 채워지지 않은 동경
순간 깊고 깊은 하늘에서 내려오는
세찬 흐름 같은 경고에
나는 이미 그곳에 잎드려
없어진 것들이 지닌 것과 나무 한 개의 보시와
그곳에 존재하는 것에 대한 그림의 이름은
무엇인가를 생각한다
태곳적 메아리에서
곳곳의 틈바구니에서
절실한 깊은 한숨까지
고요속에 더욱 찬란해지는
저 간절한 우러름

요즘 대학생

박해미

통도사 문학기행을 가는 날 새벽
휴학을 한 채 아르바이트를 하는 아들에게서
한 통 메일을 받았다

이번년도 목표 "나 자신을 찾자, 나 자신으로 살아보자"
정말 내가 하고 싶은 일들을 하고 다양한 경험을 해 보자
진로와는 크게 관련 없어도 괜찮으니까!
자존감이 낮다면 상대방과의 관계에서도 드러날 수밖에 없다
충분히 멋있는 사람이다 난
매력적인 척이 아닌 매력적인 사람이 되자
사람은 누구를 만나느냐에 따라 인생이 변한다
짙은 우울감 속에 빠져도 지금 나아가야 할 목표가 뭔지
스스로 뭔가를 행할 수 있는 힘과 마음만 생긴다면
금방 빠져나올 수 있을 것이다
스스로 뭔가 행할 수 있는 힘과 마음은
외적인 모습에 따라 나오는 게 아니야
생각만으로도 충분해!
우선순위 중에 가장 위에 있는 건 바로 나다

타인의 마음 가지고 고민하지 말기 그냥 나대로 살기
내가 좇같아 하는 사람은 배려를 존나 당연한 걸로 아는 사람
모든 사람이 평등하고 존중받아야 할 대상이라는 생각이 자리 잡는다
나 또한 상대방으로부터 존중받는 사람이다

잘못을 저지른 후 써낸 반성문도 아니고
나에게는 통보인 듯 온 아들의 메일
주머니에 담겨진 휴대폰을 만지작거리며 금강계단 앞에 섰다
청계산 옥루봉에 올라 음료수를 팔았다는 아들
그날 나는 통도사 금강계단 앞에서
아들처럼 아르바이트를 한다는 학생을 만났고
설법전 앞 순하게 발효 중인 장독대에서도 그런 학생을 만났다
뜻밖이었다 주머니가 가벼워지고
굴참나무, 신갈나무, 떡갈나무처럼 푸른 귀 쫑긋거리며
울울창창 어깨동무하고 가는 요즘 대학생 모습이 보였다

구월의 월영교

최향란

배롱나무 꽃길은 이미 오래전에 열어두었습니다
꽃 떨어지는 속도 빨라지고
다리 아래 흐르는 물과 함께 흘러가고

영월교 건너편에 있는 연인은
꽃이 영원히 피어있지 않다는 것 오늘 알았나봅니다
꽃 지고 나면 다시 꽃으로 돌아오기까지
오래 기다려야 함을 아는 건 슬픔을 알게 되는 것입니다

나의 기도는 아직도 어설프지만
두 손을 모아 불안한 저들을 원 안에 넣어봅니다
기도에 귀 열어 다리를 건너는 사랑스런 연인

곧 배롱나무 꽃길 후두둑 닫히겠지만
믿고 오래 참으면
배롱꽃, 붉은 꽃, 몸 활짝 열리는 날 오겠지요
당신이 얼마나 먼 곳에 있을까 염려하지도 않겠지요
월영교 달빛 아래 또 한 그루 배롱나무를 심습니다

정당매政堂梅 돌아가시다

하병연

우짜노, 내가 뭐라캤노 군청에 퍼떡 알리자 안 캤나, 그랬나, 안 그랬나, 내 살기도 바뿐데 그까짓 매화나무 죽은 게 대수가, 아이 이 사람아, 우리 때매 죽었따 아이가, 부끄러운 줄 알아야제, 죽을 때 되썬께 죽은 거제, 와 이리 쌩깔 부리고 난린데, 그래, 니가 잘났으면 똑바로 했어야제, 마니 배우면 뭐하노, 아무 한 게 없는데, 글카면 니는 안 슬푸나, 작은 집 이제기 올리 또랑 긴니다 해방군 총에 맞아 죽은 것도, 어무이가 얼라 때 동무랑 고동 잡으러 온 것도 이 매화나무는 다 봤을끼다, 그라고 단속사 까까중들이 염불하던 소리도 다 들었을끼다, 나무만 죽은 게 아이고 울 동네 육백 년이 다 죽은기다, 자그마치 육백 년이다, 세월이, 그라도 니는 안 슬푸나, 안 슬푸냐고, 무담시 뭐가 그리 슬푸노, 동네 어르신들 봐라, 얼마나 째지게 가난케 사노, 입도 못 묵고 산다 아이가, 매화나무가 좀 도와줬으면 이렇게까지 안 살제, 그라도, 우리가 나무를 잘 돌봐야 했다 아이가, 안 그렇나, 모든 게 다 우리 잘못 아이가, 우리 죄가 많아 인자 꽃 안 피울끼다, 남사시럽게 반피처럼 와 울고 난리고, 뭐가 그리 슬퍼노, 변한게 아무것도 없는

데, 올해는 바다에 빠져 죽은 사람들이 얼메나 많노, 그라도 하나또 안 변했다 아이가, 맞째, 내 말이, 그라도 쬐끔 슬푸다, 동네 제일 큰 어르신이 돌아가쓰이 장사라도 치라야 안 되겄나, 니가 자꾸 글쿤께 내 맴도 안 편타 아이가, 그런께 울지 말고 단디 맴을 묵어라, 그라야 우리 같은 놈들이 살제, 겨우시,

한 잎의 생애

최향란

늙은 사과나무는 부처의 등 뒤에 앉았다
먼 곳에서 온 먼지와 바람을 거둬 이렇게 흰 꽃잎 피우셨다
내 불안을 뚫고 한 잎 내리시는 저 노인의 미소
가끔은 그렇듯이 못 본체 눈 감으신다
팽팽한 내 신경줄에 앉은 내가
사과꽃을 닮았다니 낯이 뜨겁다

상처 없는 생이 어디 있겠냐며 흰 꽃잎 자꾸 놓치신다
꽃잎 쌓인 늙은 나무의 발등,
바람이 불면 그냥 흔들리고 남은 살점 몇 알의 공양이라니
너무 잔인한 거 아니냐,
고래고래 소리 지르는 동안 흰 꽃잎 다 지고

내 발등에 평정이라는 말 한 잎 올리신다
부석사 마당에 방어벽을 허문
작은 짐승 되어 슬쩍 사과나무 등 뒤에 앉아본다

늙은 나무의 허리는 꼿꼿하였구나
마른 뺨을 비비며 투항의 몸짓을 알리자
부처도 나무도 그냥 웃으신다

부석사 가는 길

송정현

예정은 예정일 뿐이다

네비게이션의 오작동으로
부석사 도착시간이
잠시 늦어졌을 뿐
목적지가 사라진 것은 아니다
그녀를 향해 돌아가야 하는
시간 위에서 소백산 죽령고개를 넘는다
구절양장의 그 길이
오월의 하늘과 맞닿은 골짜기를 펼치며
초록의 미소를 건네주었다
나는 그만 마음의 단추를 슬그머니 풀었다
궤도 이탈의 근심도 잠깐
낯선 길의 만남은
이제 막 돋는 은행잎의 빛깔을 닮았다
소백산 명주바람에서
사랑에 빠진 딸기*의 달콤한 향기가 난다
아, 잠시 아찔해지던 순간의

어깨 위로 자목련 꽃봉오리들이 뚝뚝 진다

천 년을 넘게 든 돌이 되어
아직도 기다리고 있는 선묘낭자의 숨소리를 다시 듣는
이 지점까지 그저 조금 늦었을 뿐이다

아주, 잠시 꽃비 날리는 그 찰나 만큼

* 사랑에 빠진 딸기 - 아이스크림.

흔들리는 잠
— 부석사 무량수전 앞 사과나무에게

박혜연

바람의 등을 타고 왔어요
여기까지 오는 환한 햇살의 길이 좋았어요

조금 늦었지만 허공 중에 꽃길 만들며
나 그대를 날아 올랐어요

백팔 번뇌의 잠들이
하얀 웃음 속에서 부서져 내렸어요

나 몰래 그대가 필까봐
나 몰래 그대가 질까봐
아주 작은 소리에도 귀 기울였어요

절벽 끝에 가 있는 나를 불러 모아
오늘 그대 팔베개 속으로 숨어들어요

그대의 환한 그늘 속에서
나 이제 꽃잠에 들어요

부석사에서 악몽을 씻다

이생용

사과꽃 향기가 코끝을 스친다 종소리에 얹혀오는 공기의 미동 무량수전 배흘림 기둥에 손을 얹고 빙빙 돌아본다 한기가 느껴지는 차가움 처음에 그것은 어디선가 본적이 있는 뱀의 몸통 같았다 작년 여름 화순 동복의 산행길에 영수 형의 손등을 물었던 칠점사 한 마리 온몸으로 독이 퍼지는 순간에도 기어코 대갈통을 두들겨 길가에 패대기를 쳤던 뱀은, 얼룩달룩한 제 몸통을 힘없이 길게 늘어 뜨렸다 다급하게 달려온 앰블러스에 올라타 병원으로 후송되었던 형은, 그 사이에 팔뚝이 퉁퉁 부풀어 올랐다 한동안 뱀의 울음소리가 환청으로 들렸고, 그런 날이면 옷이 흥건하게 젖어 악몽에서 깨어나고는 했었다 그새 몇 바퀴를 더 돌다 눈을 뜨니, 뱀은 이미 배흘림 기둥이 되어 부처님의 품안에 들어 있었다 한 동안 멍하게 서서 부처님을 바라보자 그는 입가에 미소를 띄운 채 말이 없었다 무량수전 배흘림 기둥 곁으로는 어디선가 사과꽃 향기가 휘날려 주었다

부석사에 와서야 비로소 나는, 내 안의 뱀 같은 악몽 하나를 날려 버렸다

부석사 무량수전

우동식

때로
무량수전無量壽殿 한 채 짓는 일

일주문一柱門 앞에 선다
몇 개의 관문을 통과해야 천 년쯤 거뜬히 서 있을 수 있는 터를 만날 수 있을까? 은행나무 터널을 앞지르는 사과꽃 향기를 따라 야트막한 오르막길을 오르니 천왕문天王門에 이른다 지척으로 벚나무 숲길이 이어졌다 거룩한 곳에 이르는 길은 어디서나 좁은 문을 들어가는 일이라는 당간지주幢竿支柱의 말씀이 끝나기도 전에 비탈길 돌계단 앞 축대가 가로막는다

문이 하나 열리면 또 하나의 세상이 보인다 한 과정이 지나면 몇 개의 질문이 보태어지던 세간에서의 일처럼 답안을 마련하기도 전에 낯선 문 앞에 다시 이른다
축대를 비껴 중심부에 이르니 종각 목어가 구름 속에서 무심히 놀고 있다 다시 한 장면이 끝나는 지점에서 안양문安養門이 그 너머의 길을 허락해 준다 극락의 끝에는 누각

한 채가 있을 뿐이다

태백산 준령 봉황산 기슭에 하늘과 땅의 경계를 풀어 하나인 듯 일체로 모든 것 내려놓고 앉은 집 한 채 문지방과 문살과 추녀의 직선과 곡선이 맞물린 무아지경無我之境 하늘을 보듬고 앉은 배흘림기둥 위로 팔작지붕이 날렵하고 경쾌하게 날고 있다

일생을 걸어 집 한 칸 마련하려 했던 나도 한 천 년쯤 저렇듯 깊고 간절해져 거기 허공의 집 한 채가 되기를 묵언 발원한다

제4부
천년의 바람 천불천탑

등꽃에 들다

황영선

운문사 담벼락 아래 시절을 피운
등꽃들이 처음 당신을 맞을 때처럼
설레고 있어요
얼핏 얼핏 보이는 물결 같은 당신의 속내가 궁금해
등꽃이 되길 원했지요
상냥한 당신의 뺨 위로 후두둑 떨어지는 빗방울을
기억하고 뭔지도 모를 비밀을 알아내려
심장의 알레그로에 귀를 기울이고 새로운 나를 만나요
이 투명한 공기 속에서 초롱초롱한 당신을 내 안으로
들이고서야 혼자서는 피울 수 없다는 걸 알았지요
당신이 내게 취하고 내가 당신에게 취하여
돌아가던 길을 멈추고 등꽃에 들라던 사람과
운문사 담벼락 아래 서서 온갖 나의 물음에
답하여준 당신을 즐거이 피워 올립니다
그 사람을 사랑해도 좋다는
등꽃의 전언을 듣습니다

연등

최향란

운문사 만세루에 앉아
팔각의 세계로 들어온 구름을 본다
연등 골조 사이사이 한지를 붙이고
풀이 마르기까지
깊고 어두운 세상을 향해
한쪽 끝만을 말은 연꽃잎 펼쳐둔다
위에서부터 하나하나 꽃잎 붙이는 손가락
허공에서 섬세하다
윗줄과 아랫줄 거리에 구름이 자리하고
오랜 불면과 삐걱대는 그림자는
바람의 손길로 상하좌우를 살핀다
잃었던 길 원을 그리듯 돌면서
오래된 슬픔을 균형 있게 붙이고 나면
다시 바람이 되돌아올 시간을 기다린다
연못에 피어있던 연꽃이 보이고
세월이 흐르고 흘러도 사라진 게 아니라는 소리 듣고
있다
아주 오래전 사천왕상 손에 꽃과 창 쥐어주며

우주 사방 지키는 수호신 돼라 명 하였다는
그 소리에 귀 기울인다
한 호흡 잠시 멈추고
꽃잎 반대 방향으로 붙이는 초록 받침
구름문 활짝 열었나니 마침내 연등불 켠다

운문사에서 아버지를 읽다

박해미

독경소리 가득한 운문사 앞마당
치매 걸린 아버지처럼 노간주 한 그루
옆구리에 시멘트 한 포대 차고
기울어 서 있다
봄은 수없이 많은 꽃잎을 부르며
계곡을 건너다니지만
평생 건축현장 시멘트 포대를 달고도
말이 없었던 아버지
지난주에는 아랫도리에 실수를 하고
내 이름을 불러 주었다
당신의 실수가 그토록 부끄러웠던 걸까
정신이 돌아온 듯 1년만에 내 이름 꺼내
나를 알아보신 아버지
아버지의 아랫도리를 정리하며
나는 좋아서 연등처럼 울었다
소코뚜레를 노간주나무로 만든다지
봄날도 알아보지 못하는 아버지는
아직도 코뚜레를 벗어던지지 못하고

가슴속에만 연두빛을 품은 채
저 노간주나무로 살아가시나 보다

조팝나무가 부처님께 점심공양을 올리고 있다
자벌레 한 마리 태양을 쏟아내며
뒤늦게 노간주나무 그 위를 기어오른다

연리지 서

— 청도 운문사에서

박혜연

날마다 적송이 이끄는 길을 따라 걸었어요
눈 뜨면 언제나 빈 들판,
머리카락이 우우 일어서고
당신의 생은 날마다 찾아와 흩어지고
그럴 때마다 심장 깊숙이 발자국 소리가 울렸어요

머리카락 사이로 알 수 없는 시간 시간들
썰물이 빠져 나갔어요
서늘한 문을 열고
운문사 비구니 염불 소리를 디디며
이 세상 언어로는 가 닿을 수 없는,
나는 누구의 기도 속을 걷고 있는 걸까요

이 생의 언어로는 가 닿을 수 없는 세상
이 생의 언어가 아닌 말
저 하늘 끝에서 내려앉는 일출이라든지
깊은 바다 끝에서 일어서는 일몰
그 길 위에서 온몸이 서러웠어요

가지 한 끝을 툭 꺾어 심어 논 자리에
시간이 흐르고 흘러
뿌리와 가지가 한 몸이 되는 시절
내 울음 닮은 그대 몸이 와 자라 주나요

운문사에서

이생용

오랜 기다림은 무엇으로 필까

처진 소나무 가지 위에 쌓인 눈이 녹아 내려
당간지주 밑 민들레 피어나도
대웅보전 옆 배롱나무는 묵언수행 중이다

절 마당 회화나무가 보리수나무가
청아한 비구니의 목소리에 끌려
초록빛 한 방울을 빈 하늘에 쏘아 올려도
생각 많은 봄날은 더디게 가고
그런 봄날이 한 백 년쯤 지나갔으리라

피고 진다는 것이 삶과 죽음의 경계라면
경계를 넘어 혼자 서 있는 배롱나무 위로
형형색색 오색 연등이 내걸리고
누군가 다가와 기도문 하나 붙이고 간다

"무소의 뿔처럼 혼자서 가라"*

* 숫타(經)-니파타(모음)라는 불교경전에 나오는 경구

운문사 솔바람길

송정현

솔바람의 음계에 맞혀 스텝 밟는다

조용한 음역에서 두 눈 감고
귀 기울여 주파수 맞춘다

오랜 세월 지나온
적송,

매 순간순간마다
바람의 박자가 온몸을 자극한다

바람길에는 여러 곡조가 어울렸다
곡이 바뀔 때마다 혼신을 다해 울고 웃는다

절벽을 타는 듯
휘는지도 모르고 몸이 휘었다

굽은 허리,

묵언수행 표지판은 무표정이다

생을 건너 길목에 고요가 있어 좋다던
적송은 지금 소리없이 적막이다

바람의 영역에 온 숨을 맡긴다

운문사 바람의 길

우동식

그리움이라는 언어의 바다에 선 바람의 이정표
저편에 닿으려면 빽빽한 적송 사이로 바람의 길을 지나야 한다

솔향 죄씻김 의식을 치르는 바람의 한숨에는
생의 날것 떠돌이 비린 바람 냄새가 뼈 속까지 젖어있다

와인터널 같은 어둠의 밑바닥을 지나 숙성의 깊이를 더하며
오직 숲으로 드는 시간 건달 같은 바람은 그늘의 무게와 채취를 풀어놓는다

마모된 적 없던 바람의 흔적에는 급출발 급가속 급정지가 없어
겁劫없이 찾아 온 열반이 거기 있어 그 자리로 간다

자비의 온도로 피는 모든 시간은 유효기간 없는 그에게로의 여정

애초에 길이 없어 어디에도 길이 되어 갈 수 있는 바람의 사원 심장

낮은 마음으로 선정에 든 처진 소나무 한 그루
낮은 곳으로 손 내미는 하심下心 공양이다

무진장 품이 넓은 이심전심 바람의 둥지
그러나 목마른 길은 다시 길을 떠난다

당신을 향한 모든 길이 내 안의 너에게로 열린다

허공의 진술법

— 운문사에서

김수자

천년의 숨결
닿기만 해도 맑은
선물이었습니다

한 치 거리만큼 앉아계신
말씀,
바람이요 빛이요 햇살이요
새들이요 별들이요
고요였습니다

본 것도 따로 없습니다
처진 소나무도 대웅보전도
국사비도 석등도
여백일 뿐이었습니다

비움이 보약이라고
허공 한 채 지어 올리는
풍경소리 총총 뒤를

따랐습니다
잘 댕겨 가시라고
망울망울 구름의 문을
열어주었습니다

돌아서며 가만히 챙겨든
속마음
슬하

화엄이었습니다

동학사

송정현

빨강
파랑
초록
노랑 종이가 학이 되었다
오백 마리에 사랑을 접고
오백 마리에 영원을 접었다

꿈에서 종이학이
내 사랑을 훔쳐 어디론가 날아갔다
학의 행방을 좇았다
유일한 단서 바람이
계룡산 동쪽으로 나를 밀어낸다
바람 따라 길 따라
참 멀고 먼, 여행을 한다

길 위에 오고 가는 수많은 연인들,

키스소리가 골목 모퉁이에 부딪히고

무릎 베고 누운 벤치에 장미 덩굴이 얼굴 붉힌다

변두리 카페에서 방금 이별한
남자 등으로 그늘이 세 든다

어긋난 풍경들이 오고 간다

따라오던 바람 어느새 사라지고
나를 불러 세운
비구니 스님들 경 읽는 소리가 절 마당에 그득하다

사찰 입구에 청학이 돌이 되어 앉았다

동학사 고목

임호상

참 뿌리 깊도다, 바람의 터
이곳에선 저 하늘 다 품었다.
저마다 자리 잡은 나무들의 경계
덜어내고 채울 게 없다
햇살도 눈치 보며
지 몸 조각 조각 펼쳐놓는다

신앙심 깊은 나무들
하늘길로 가고 있다
어린 나무들까지
하늘로 하늘로 손을 뻗는다
온몸 각질 허물을 벗어내며
서 있는 저 무게의 나무
하산 앞둔 허리 넓은 나무
한바탕 개겨 볼 마음으로 갑옷 입었다

투명한 것은 하늘빛 아침이 아니라
저 고목이다

동학사 낮별

황영선

당신은 어디서 왔나요
아주 먼 옛 고향을 기억하나요
밝은 당신은 푸른 꿈을 꾸라 했지요
나의 빛은 여전하지만 너른 세상과 맑은 향기는
어머니 품인양 부드럽고 고요하지요
나는 꿈을 꾸고 당신은 맘껏 소리내어 웃네요
나는 시리도록 찬 물속에 떨어진
웃음을 건져요
초록 잎새들이 까르르 한낮의 태양을 간지럽히고
나의 틈 사이로 몇몇 조는 사람들을 기억해요
자랑스럽게 흔들리는 바람은 나를 놓지 않아요
먼 어딘가에 있지 않은 듯 하루 여행은
꽃잎 위에 잔물결 위에 넘치도록 찬란해요
천년을 견뎌온 당신에게
당신을 지켜온 커다란 나무 뿌리 위에도
사뿐히 앉아 줄게요

동학사

김수자

동학사 해우소 뒤편
개울 물소리 오래 오래
머물러 있다
홀연히 길을 나선다

사뿐 사뿐 맨발로
내닫는
예쁜 봄, 뺨이 붉다

겨울 한 겹 벗은 햇살이
곁에서 함께 걷는다
어디도 혼자가 아니다

갑사 가는 길

김수자

화창한 봄날
길 따라
새소리 새소리 새소리
바람소리 바람소리 바람소리
물소리 물소리 물소리

어울려
바람소리 따라 새소리 맑아지고
새소리 따라 물소리 맑아지고

숲을 찾은 사람들
따라 따라 맑아지고

길 따라 길이 맑아지고
길 따라 길이 고요해지고

나무의 수화

— 갑사를 오르며

박혜연

몸짓이 좋다
소리가 되어 귀에 꽂히는 말보다
모양이 되어 마음에 들어오는
너의 몸짓이 좋다

너는 먼저
새들의 하루를 조용히 쓸어주고
너는 먼저
허공 중의 하늘을 받쳐준다
너는
쓸쓸한 이마를 짚어주며
가만 옆에 와 걷는다

소리 없이도 세상 모든 말인 너
월인석보에 새긴 부처님 말씀처럼
만리 밖 눈에 보는 듯
천년 전 귀에 듣는 듯
연두빛으로 번지는 너는

갑사 오르는 길을 환한 봄날로 돋아나게 한다

길을 채우고
하늘로 뻗어가는 너의 무한한 말

너무나 조용해서, 천지간에 가득해서

온몸으로 속삭이는
세상에서 가장 아름다운 언어를 그 길에서 들었다

불영사뎐

하병연

지금으로부터 천년 전의 이야기입니다

바다 속 용궁이 하도 어지러워 용왕이 거북 두 마리로 하여금 지상에서 가장 용한 부처 데려와 용궁사를 지어라고 명하였습니다 거북 두 마리는 그 부처 찾기 위해 수백 년 동안 바다와 육지 오가다가 등짝 갈라지고 손발 터졌습니다 지상에 절은 많은 데 용한 절 없었고 지상에 부처는 많은 데 용한 부처 없었습니다

하루는 험상궂은 아홉 마리 용이 나타나 동해 바다 끝자락 신라국에 불영사라는 절이 있다고 하였습니다 그 절의 부처가 하도 용해 죽은 사람도 살려 그 불력이 염라국까지 미친다고 하였습니다 그 절을 용궁으로 가져갈려면 부처가 일년 중 딱 하루, 선정에 들어가 지상의 일을 관장하지 않는 날이 있는데 그날이 바로 사월 초팔일, 부처 생일날이라고 하였습니다

거북 두 마리, 초팔일에 맞춰 동해바다 신라국으로 들어

와 왕피천 타고 구룡계곡 따라 불영사에 도착하여 사람 없는 밤늦은 시간에 절 바닥 파기 시작했습니다 땅 다 파고 거북 등에 절 떠메고 막 떠나려고 하는데 절 앞 연지에서 난데없이 돌부처 나타나 주장자로 거북 두 마리 후려쳤습니다 그대로 거북은 돌거북으로 변해 버렸습니다

그때부터 돌거북들은 갈라지고 찢겨진 등짝에 불영사 지고 불영사 부처의 영험력이 떨어지기를 기다리고 있었습니다 부처가 부처로 살지 않으면 바로 돌거북은 거북으로 다시 살아나 절 떠메고 고향 바다로 갈 수 있기 때문입니다

불영사 佛影寺

우동식

저기,
서 계신 분이
부처님 아니신가
둘러 선 금강적송이
다 불자들 아닌가
설법 듣느라 야단법석이네
허물 벗어 적신으로 성불이네

저기,
연못 안에 계신 분도
부처님 아니신가
어리연들이 다 신도들 아닌가
그림자로도
저 많은 꽃을 피우시네
여기가 사부대중 불국일세

저기,
서 있는 사람들도 다 부처 아닌가

부처의 그림자가 걷고 있네
그림자가 그림자를 만드네
사는 게 다 그림자일세

불영사

황영선

불영사 대웅보전 앞에 엎드린
돌거북님에게서 얻은 겸허한
증표 하나
모든 것이 자비의 눈이니
개미 한 마리도 숨 죽일 수 없다

꽃 핀 자리

박해미

입구, 잎 위로 비 온다

막 피려다 힘에 겨워 눈만 말똥거리던 그 봉오리 위로 비 온다

물봉선 보이지 않던 그 자리 비 온다

부추꽃 핀 자리에도 비가 온다

어제의 혹서기, 등에 붙은 혹 하나 떼어내고 다시, 다시 비 온다

겨울 은행나무의 발묵법

우동식

침묵으로 쳐 놓은 필력을 보라
진하게 여리게 저마다의 공간에서
부러진 듯 휘어진 듯 뻗어가는 운치를 보라
근간이 되고 배경이 되는 저 패러다임을 보라
압화로 눌려 있는 화첩이요 화보다
모든 벽의 문을 닫고 더 높은 문장을 위하여
향기와 상처를 다독이는 겨울 포장법이다
그 상자 안에는 고독의 집 한 채가 있어
모든 생명의 동안거요 묵언수도 중이시다
나무의 꿈은 겨울이다
한 겨울 내내 내공을 쌓으며
한 세상 푸르게 노랗게 다 덮을 때까지
그 잔잔한 손을 뻗어 허공을 부여잡을 겨울나무
단단한 저 맑은 정신을 뼛속까지 채색하고 있다
물들지 않고는 물들 수 없기에
흔들리고 얼면서 그 속을 여미고 다지는
천년 발묵의 겨울 은행나무*,
예리한 칼날 같은 섬뜩한 영혼의 화법이다

그 눈 달린 섬광이 일필휘지로
겨울나무로 깨어있으라 쓴다

* 충북 영동 영국사에 있는 천년 수령의 은행나무

안식에 대하여

송정현

주인 잃은 강아지 한 마리
버려진 인형에게로 느리게 걸어간다
온기 없는 그가 위로가 될까
그래 너는 외로움을 즐기는 고독가
누구에게나 함부로 안기지 않는다
지금 이 순간 네가 할 일은
거북의 껍질 속으로 들어가
강한 심장 하나 얻는 것
살아있는 것들은 자꾸 얼음 조각을 닮는다
그러는 순간 너에겐 또 다른 모양의 아픔이
새 움을 트게 될지도 모르지, 하지만
아픔은 자신의 몫,
그 안에 뿌리를 내려라
천년을 견디어 낸 영국사 은행나무처럼
모퉁이의 끝에 곤한 잠이 하나 누워있다

사찰기행 소설

운문사의 봄

김민영

이번이 서른두 번째이다.

"찌질한 옷차림은 절대 안 돼. 좀 더 블링블링한 옷은 없어? 아휴, 옷들이 왜 이 모양이야!"

침대 위에는 아무렇게나 내팽개쳐진 옷들로 어지러웠다.

"안 되겠어. 내 옷을 입어! 아예 옷마다 페로몬을 확 뿌릴까 보다."

여동생은 자신의 옷을 던지듯 내밀었다. 이걸 그냥! 생각 같아선 동생 머리통을 한 대 쥐어박고 싶었다. 하지만 속 좁은 언니로 보이고 싶지 않아 초인적 인내심을 발휘하고 있었다. 나는 동생이 내민 옷을 낚아챘다. 아직 태그도 떼지 않은 소매에 프릴이 달린 투피스였다. 단순하고 편하기만 한 내 옷들에 비하면 멋스럽고 사랑스러운 느낌이 났다. 그런데 의외다. 워낙 소유욕이 강해서 옷이 넘쳐나도 이런 행동은 안 하는 애인데, 어지간히 애가 타는 모양이다. 동생은 아침에도 엄마와 실랑이를 했다.

"언니가 먼저 가야 네가 가지."

"언니는 사귀는 사람도 없는데 그게 말이 돼?"

동생의 투덜거리는 소리는 거의 매일 아침마다 듣는다. 크게 놀랄 일도 아니다.

동생의 투피스는 목에 걸린 음식처럼 내 몸에 꽉 끼었다. 숨쉬기가 불편했다. 거울 앞에도 서 보았다. 아무리 봐도 몸매 라인이 그대로 드러나는 밀착형이라 신경이 많이 쓰였다.

"몸에 꼭 끼게 보이지 않아? 노출도 심하고."

"제발 과감하게 입어. 이런 날 어떻게 촌스런 언니 취향대로만 입으려고 해? 좀 스타일에 변화를 주라고. 언니가 과하게 노출을 해도 아무도 신경 쓰지 않을 거야. 못난이 인형이니까." 동생의 말을 듣고, 나는 뺨에 열이 올랐다. 눈치 빠른 동생은 옷매무새를 급하게 다듬어주고는 서둘러 방을 나가 버렸다.

나는 퇴근을 한 후에, 커피숍으로 갔다. 내가 들어갔을 때 커피숍에서는 경쾌한 리듬의 음악이 흘러나오고 있었다. 차임벨 소리를 듣고 두어 명이 내 쪽으로 시선을 돌렸다. 하지만 반응을 보이는 사람은 없었다. 나는 홀을 한번 둘러보고는 뒤쪽 구석에 자리를 잡고 앉았다. 무료했다.

그래서 휴대폰을 꺼내들었다. 액정화면에 동생 캐릭터가 깐죽거리며 돌아다니고 있었다. 어쭈, 이것 봐라. 나는 동생 얼굴을 꾹 눌러 손가락으로 빙빙 돌린 후 힘껏 튕겨 버렸다. 이건 언니가 주는 벌이야. 못난이 인형이라고 한 말에 대한 복수지.

와우!!

당신은 님을 1248m 상공까지 날려버리셨습니다.

친구들에게 알릴까요?

뭐, 그럴 것까지야……. 이제 동생 캐릭터를 더블 클릭해 두더지게임을 시작했다. 밉살스러운 동생의 얼굴을 뿅망치로 두드리기 시작했다. 이크, -10을 두드리고 말았어. 손가락은 쉴 새 없이 동생의 얼굴을 가격했다. 동생의 얼굴이 퉁퉁 부어오르기 시작했다. 조만간 팡, 하고 터져 버리리라. 만약 동생이 이런 나의 만행을 알게 된다면 한순간에 자제력을 잃고, 길길이 날뛰다 도끼눈을 뜨고 덤벼들지도 모른다. 나는 게임을 하고 있으면서도 줄곧 출입문에 신경을 곤두세우고 있었다.

잠시 후에, 한 남자가 문을 밀고 들어섰다. 지나치게 깔끔한 정장 차림이어서 소개팅 하러 온 사람 티가 났다. 소개팅을 위해 옷을 잔뜩 차려입은 모양새였다. 하마터면 손을 들고 여기예요, 하고 말을 할 뻔했다. 나는 혹시나 싶은 마음에 남자를 한참동안 바라보았다. 30대 중반의 깔끔하게 정돈된 머리, 평범한 이목구비, 보통 신장에 살집이 약간 있는 체구…… 순간, 남자의 시선과 마주쳤다. 남자는 판단력이 빨랐다. 그는 곧장 나를 향해 성큼성큼 걸어왔다. 그의 얼굴이 가까워질수록 '이번에도 꽝이야, 꽝이야' 하는 소리가 입 밖으로 새어나올 것만 같았다. 상대에 대한 감정은 첫 몇 초 만에 호불호가 결정이 난다. 억울하겠지만, 첫인상은 겉으로 드러난 이미지가 결정하는 법이다.

남자와 가벼운 통성명을 하고, 나는 남자의 표정을 재빨리 읽어 내려갔다. 소개팅 횟수가 늘어남에 따라 이제는 어느 정도 감이 생겼다. 표정만으로, 3분 안에 상대가 나를 마음에 들어 하는지 아닌지를 읽어 낼 수 있다. 사람들의 작은 표정과 동작에서도 감정이 드러난다는 것을 알게 된 것이다. 그런데 이 남자, 예전에 어디에선가 본 얼굴이다. 혹 두 번째 남자? 아님 다섯 번째 남자?

나도 모르게 미간에 힘이 잔뜩 들어갔다. 앞에 앉은 남자를 요리조리 뜯어보며 머릿속으로 빠르게 시간을 거꾸로 돌리고 있었다. 그러다가 남자의 시선과 겹쳐졌다. 나는 남자의 눈에 스치는 감정을 읽으려 했다. 하지만 남자의 눈엔 별다른 변화가 없다. 도무지 마음속 생각을 읽을 수가 없다. 앞에 앉은 남자를 틀림없이 어디서 본 거 같은데, 꼭 기억해 내고 싶은데…… 도대체 어디서 봤을까? 남자의 표정과 행동에서 과거의 기억을 뒤적이느라 내 두뇌는 맹렬한 속도로 돌아가고 있었다. 어떤 것이든 간에 내가 바라는 기억이 머릿속에 떠오르기를 바랐다. 앞에 앉은 남자는 내 단단한 두개골 안에서 벌어지는 일과는 상관없이 얼굴에 여유가 묻어났다. 남자가 불쑥 입을 연 것은 그때였다.

"소개팅 자리가 처음이라 조금 어색하네요. 초면인 상대에게 이야기를 어떻게 끌어내야 하는지 잘 몰라서요."

그의 말 한마디에 나는 맥이 빠지고 말았다. 정말일까? 하지만 이 남자, 소개팅 자리가 처음이라면서 말과 행동이 지나치게 태연하다. 처음 이성을 만나는 자리인데 아무런 어색함을 느끼지 못한다는 건 뭔가 미심쩍다. 위축되는 기색도 전혀 없고. 저건 분명 경험자의 여유였다.

그렇다면 저 남자는 나에게 거짓말을 하고 있거나, 아무런 호감을 느끼지 못하고 있다는 뜻일 것이다. 그럼에도 나는 모든 경우의 수를 생각해 보았다. 직업상의 습관일 수도 있다. 세무사라니까 숫자가 아니면 아예 반응을 못하는 인간일 수도 있다. 그것도 아니라면 매사에 실수나 허술한 면은 용납이 안 되는 부류일 수 있다. 급기야 이렇게까지 무신경한 사람이라면 분명 인간미라곤 멸치 똥만큼도 없는 사람일 거라는 결론에 이르렀다.

이제 남자에게 더 이상 감정소모를 하지 않아도 될 것 같았다. 앞으로 그가 하려는 말이 무엇이든 간에 나와는 상관이 없다고 생각했다. 나는 무심하게 남자의 옷차림으로 눈길을 옮겼다. 잘 다려진 깔끔한 보랏빛 셔츠가 눈길을 끌었다. 아침에 거울 앞에서 공깨나 들인 흔적이 엿보였다. 하지만 어쩌랴. 피차 서로가 마음에 들지 않으니 애프터 신청에 대한 생각은 1248m 상공까지 날려버리는 것이 좋을 것 같았다. 남자도 나에 대한 탐색을 마쳤는지 느긋하게 미소를 짓고는 입을 열었다.

"우리 협상 하나 할래요? 혼자 해결 못하는 고민 덩어리가 생겼을 때 부담 없이 만나 이야기를 들어주는 친구, 어때요?"

그 말은 내 예상을 훌쩍 뛰어넘은 말이었다. 나는 빤히 남자를 쳐다보았다. 그의 말이 진심인지 아니면 그저 예의상 내 의중을 떠보는 것인지 확인하고 싶어서였다. 나는 그의 얼굴 표정을 살피며 말했다.

"글쎄요…… 전 뵐 일이 없을 것 같은데요."

"어째, 좀 서운한 마음이 듭니다. 그나저나 외모에 비해 옷은 과감하게 입으시나 보죠?"

순간 나는 당황해서 얼른 손을 가져가 비뚤어지지도 않은 옷깃을 매만졌다. 그가 순간적으로 환하게 웃었다. 이런… 동생이 정말 옷에 페로몬이라도 뿌려 두었던 걸까? 나로 인해 그렇게 웃는다는 건 본능적인 감각으로 말하건대 분명 호감의 표시다.

나는 곧바로 동생이 옷에 페로몬을 뿌렸을 가능성을 고려해 보았다. 적어도 나를 '똥차' 쯤으로 생각하고 있는 지금, 그런 짓을 했을 가능성은 충분했다. 그러나 확신할 수가 없다. 단지 그 애의 신경질적인 반응으로 짐작만 할 뿐이었다. 나는 남자와 헤어지기 전까지 그가 날 속이기라도 한 것처럼 지난 모든 기억을 되살리려고 애를 썼다. 하지만 남자는 분명히 말했다. 소개팅이 처음이라고. 아무래도 뇌가 착각한 모양이었다. 남자는 소개팅을 한 이후 며칠에 걸쳐 끈질기게 연락을 해 왔다. 영화표를 구해 놨다, 연극표를 구해 놨다, 그것도 싫으면 차라도 마실 수 없겠느냐고 물어왔다. 나는 단호하게 거절을 했다. 적어도 진정한 인연과 스쳐가는 인연쯤은 구분할 줄 알아야 하지 않을까, 하는 이유에서였다. 하지만 남자는 끈질겼다. 그의 마지막 카드는 소개팅을 시켜준 원장에게 매달리는 것이었다.

원장은 퇴근하기 전, 어색하게 웃으며 내게 말했다.

"괜찮은 사람이니까 날 봐서 한 번만 더 만나 봐요. 그래도 아니다 싶으면 서로 인연이 아니라고 생각할게요."

차마 그 카드는 묵살할 수가 없었다.

그로부터 일주일 후, 우리는 다시 만났다.

"전 퇴짜 맞는 걸 되게 싫어하거든요. 우리 다시 만나는 거 맞죠?"

그는 천연덕스러웠다. 난 충분히 눈치도 주고 거절도 했는데 정말로 이 남자는 눈치가 없는 듯했다.

"이제 종종 연락할게요. 다양한 이유로. 예를 들면 뭐, 데이트 약속이라든가…… 그러지 말고 아예 애인사이 할까요?"

나는 그를 물끄러미 쳐다보았다. 농담을 하는 듯한데, 너무나도 진지하게 쳐다보고 있어서 장난 같아 보이진 않았다. 초면도 아닌 사람이 그렇게 얼굴을 맞대고 물어 볼 때, 단호하게 싫다고 말하기란 어려운 일이었다. 그렇다고 단지 낯익은 느낌이 있다는 이유만으로 애인이 될 수는 없었다. 특별한 감정도 없이. 하지만 갑자기 내 머릿속에서 여동생의 얼굴과 엄마의 얼굴이 떠올랐다. 두 사람의 얼굴이 내 머릿속에서 어지러이 떠다니고, 여러 가지 생각들이 와글와글 충돌을 일으키기 시작했다. 정말로 두통이 올 것만 같았다. 나는 그의 제안을 받아들이기도, 거절하기도 쉽지 않았다. 이럴 땐 못 이긴 척 제의를 받아들이는 게 나을까? 나는 커피 잔을 내려놓으며 말했다.

"그냥 친구로 지내기로 해요."

"부담스러우십니까?"

"네, 아직은 그쪽한테 끌리지 않아서요."

그는 무안한 듯 작게 웃음을 터뜨렸다. 당황한 기색이 그의 얼굴에서 여지없이 묻어났다. 나도 어쩔 수 없는 선택으로 내뱉은 말이었다. 그것이 그 순간 내가 생각해 낼 수 있는 최선의 방법이었다.

엄마와 동생은 소개팅을 하고 온 날부터 소개팅 남자에 대해 시시콜콜 캐물었다. 나는 그들의 질문을 무시했다. 동생은 잔뜩 기대에 부푼 표정으로 더 집요하게 굴었다.

나는 이런 동생의 관심이 성가셨다.

“그 남자, 어때?

“뭘?”

“마음에 드냐 말이야. 소감 좀 얘기해 봐. 나 궁금해 미치겠어.”

“아, 신경 끄라니까! 그런 건 내가 알아서 할게.”

나는 짜증을 감추지 못한 채 소리를 질렀다. 생각 같아서는 그 옷에 페로몬이라도 뿌려둔 거야? 라는 물음이 목구멍까지 올라왔지만 꾹꾹 누르고 있었다. 서른이 넘어가니까, 모두들 결혼은 언제 하느냐가 인사였다. 신경이 너덜너덜하게 지쳐갔다.

나는 정보지를 들척였다. 괜찮은 집을 찾게 되리라는 희망을 갖고 정보지를 훑어보았다. 마음에 드는 집에는 표시를 해 나갔다.

‘미르 아파트(24평) 수시 상담 환영. 아늑하고 아름다운 공간임. 100% 리모델링됨. 보증금 1천만원 월 50만원. 즉시 입주 가능.’

‘원룸. 원룸 매매 및 임대, 편리성 최고! ‘

‘행복슈퍼 건너편 원광빌라(24평) 보증금 8백만 원. 월 40만원. 몸만 들어오시면 됨. 전망 좋음, 남향.’

다 본 정보지를 내려놓고 다음 정보지의 페이지를 넘기려다 말고 나는 슬쩍 동생을 바라보았다. 동생은 이때다 싶었는지 입이 반쯤 나와서는 투덜댔다.

"언니는 무슨 자신감이야? 결혼은 눈이 멀어야 한다는데, 단 한 번이라도 눈이 먼 적 있어?"

"웃기지 마! 누가 그래? 그럼 결혼한 여자들은 죄다 소경이게? 어디서 김빠진 얘길 주워들어서는. 난 기절할 정도의 전기가 몸을 관통하는 사람을 만나도 5분이 채 못 돼 깨더라. 사랑이라는 게 다 뇌에서 분비하는 호르몬 때문이고 착각인 거야."

"그러니까 언니가 아직까지 싱글로 남아 있는 거라고. 너무 이성적이란 말이지. 사랑은 이성적일 수가 없어. 막 덮어 놓고 좋은 거야. 내가 아쉬운 대로 번개탄이라도 구해 줘? 아님 백만 볼트 전기충격기라도 구해 줄까? 확 감전돼서 결혼해 버리게."

"뭐?"

나는 엎드려 깔고 있던 베개를 동생에게 집어 던졌다. 동생은 솜씨 좋게 피한 뒤 밖으로 도망쳤다. 치, 바보 같은 게, 눈이 먼다고 다 결혼을 한다는 게 말이 되냐고. 나는 그런 만남이라면 적어도 한번 이상 떠올릴 수 있었다. 곧이어 동생의 키득거리는 소리와 함께 엄마의 못마땅한 목소리가 딸려왔다.

"내가 재 결혼만 생각하면 자다가도 벌떡벌떡 일어난다니까. 언제까지 챙겨줘야겠니? 얘, 동물들도 어느 정도 크면 지 살 길 찾아서 다 떠나. 부모한테 언제까지 붙어먹을 거야……?"

엄마는 계속 뭐라고 했지만 나는 귀를 막아 버렸다. 여태껏 그런 말을 물리도록 들어 온 만큼 더 이상 듣고 싶지 않았다. 엄마의 말을 듣고 있자니 숨이 막혀 왔다. 두고 봐. 집을 구해서 꼭 나가고 말테니. 나는 체크한 정보지를 다시 꼼꼼히 들여다보았다. 그런데 24평? 혼자 살 집치고는 너무 넓었다. 왜 이걸 몰랐지?

여덟 번째인가, 아홉 번째인가. 이모부의 소개로 한 남자를 소개받은 적이 있었다. 직업은 공무원. 내가 카페 문을 밀고 들어섰을 때 자리에서 벌떡 일어나는 남자가 보였다. 처음 본 순간, 전기에 감전된 듯 전신이 기분 좋게 찌르르 하는 것을 느꼈다. 방금 그게 뭐였지? 단순한 정전기였나? 라는 생각이 들었다. 한참 뒤에야, 이게 남들이 '첫눈에 반했다' 고 말하는 상황이라는 걸 알았다. 처음 느껴 본 감정이었다. 나는 그 짧은 순간의 느낌 때문에 묘한 감정에 사로잡히고 말았다. 또 심장은 어떻게 된 건지 남자의 시선을 받을 때마다 오버 작동을 하니 이러다 심장병 걸리겠다 싶었다. 하지만 남자는 나와 시선이 마주친 순간부터 불안한 기색으로 자꾸만 주위를 두리번거렸다.

그리고 이어지는 그의 말은 "죄송한데, 맥주를 시켜도 괜찮을까요?" 였다. 그 목소리는 편안하지도 않았고 부드러움과도 거리가 멀었으며, 표정은 뻣뻣하게 굳은 채였다. 나는 네, 라고 짧게 대답했다. 주문한 맥주가 나오자, "마실래요?" 라고 그는 다시 물었고 나는 고개를 가로저었다. 남자는 서둘러 유리잔에 맥주를 따라서는 벌컥벌컥 들이켰다. 그의 행동이 나로 하여금 고개를 갸우뚱하게 하는 상황이었지만, 나는 아무 말 없이 지켜만 보았다. 남자가 무슨 말이든 하지 않을까 생각했지만, 그는 맥주잔으로 입을 막고 있었다. 남자는 술을 마신 후 5분쯤 지나 입을 열었다. 친구와 함께 왔는데 같이 합석을 해도 괜찮겠느냐고 했다. 나는 괜찮다는 의미로 고개를 끄덕였지만 사실은 괜찮지 않았다. 그는 이미 내 이해 범위를 약간 벗어난 상태였다.

남자의 친구는 우리 건너편에 앉아 있었던 것이다. 그의 친구는 큰 눈과 큰 입을 가지고 있었다. 넉살 또한 좋은 사람이었다. 친구는 나를 탐색하는 듯한 눈길로 쳐다보더니 마치 관상가라도 되는 듯이 말했다.

"그런 눈을 가진 사람은 바람둥이래요."

그의 말에 내가 웃음을 터뜨렸다. 바람둥이는 무슨. 33년째 모태 솔로인 사람한테 할 소리는 아니었다. 내 눈은 위로 치떴을 때는 쌍꺼풀이지만 내려뜨면 쌍꺼풀 선이 보이지 않는다. 어떻게 보면 쌍꺼풀이라기보다 커다란 주름 하나가 눈두덩 위에 덩그러니 그려져 있다고 봐야 옳을 것이다.

친구라는 남자는 경쾌한 목소리로 농담도 곧잘 했다. 어딘지 모르게 밝고 기분 좋아 보이는 얼굴이었다. 나는 자꾸만 그 친구에게 관심이 갔다. 그리고 시간이 지날수록 그의 얼굴에 빨간 코와 빨간 의상을 입혀주고 싶다는 생각이 들었다. 그러면 그 행동이 더 자연스럽게 보일 것 같았고, 모습도 우스꽝스럽게 보여 더 즐거울 것 같았다. 옆에 앉은 소개팅 남자도 더 이상 붉은 얼굴로 흘끗흘끗 내 쪽을 훔쳐보는 일도 없을 것이었다.

나는 줄곧 친구라는 그 남자와 눈을 맞추고 있었다. 친구라는 그 남자의 적극적인 주도에 따라 우리는 헤어질 때까지, 영화관으로 카페로 어울려 다녔다. 그는 최대한 즐거운 분위기로 행사를 이끌려는 이벤트 회사 직원 같았다. 그래서 그가 "둘이 만날 일이 있으면 꼭 저한테 연락을 해야 돼요." 라고 말했을 때 난 착한 아이처럼 "네, 그럴게요." 라고 대답하고 말았다. 그리고 헤어질 때 그에게 정말 즐거웠다고, 환한 미소를 보냈다. 소개팅 남자에게는 좋은 여자 친구를 만나기 바란다는 말을 잊지 않고 해 주었다. 그 순간, 나는 소개팅 남자의 얼굴이 딱딱하게 굳어지다가 슬픔으로 번져가는 걸 보았다. 하지만 내 심장은 이미 얼음장처럼 차갑게 식어버린 뒤였다. 고개를 푹 숙이고 돌아서는 그의 뒷모습이 유독 마음에 걸렸다. 그때 뒷모습에도 표정이 있다는 걸 알았다.

여동생이 웬일인지 기분이 좋아 보였다. 두 볼은 발그스레하게 상기되어 있었고, 입가에는 웃음이 걸려 있었다.

동생은 분명 평소와는 다른 의미심장한 미소를 짓고 있었다. 가끔 나는 동생의 그런 미소가 몹시 싫었다. 그런 미소를 짓는 데는 다 이유가 있었다. 뭔가 자랑거리가 있을 때 말하기 전에 하는 일종의 습관이었다. 동생이 그런 미소를 지을 때마다 나는 입술을 깨문 채 그 순간이 빨리 지나가 버리기를 바랐다. 이런 내 마음을 알 리 없는 동생은 자기에게 생긴 일이 얼마나 굉장한 일인지에 대해 쏟아내기 시작했다.

"언니, 이건 정말 꿈같은 일이야. 내가 작업실을 얼마나 갖고 싶어 했는지 언니도 알지? 우리 결혼하면 그 작업실을 정말로 만들어 준대. 굉장하지?"

나는 동생의 말에 전혀 대비가 안 된 상태였다. 그래서 평소대로 무대응으로 응하질 못했다. 생각 없이 동생을 향해 아무 말이나 던지고 말았다. "이런 밥통, 그건 사기 치는 거란 말이야. 영악한 속물처럼 행동하더니 쓸데없이 감정을 흘리고 다니니까 걔가 그런 거잖아! 알 만한 애가 왜 모자라게 굴어? 걔, 사기꾼이네! 사귈 때야 무슨 소릴 못 해. 이 숙맥아, 그걸 모르겠어?"

내가 주절주절 말을 마치고 동생을 쳐다보았을 땐, 동생의 표정은 조금 전과는 완전히 달라져 있었다. 그때서야 금세 발끈하는 동생의 휘발유 같은 성격을 건드렸다는 사실을 깨달았다. 나는 동생이 얼마만큼의 반격을 가해 올지 알 수 없어서 좀 불안해졌다. 동생의 눈엔 이미 분노의 빛이 떠올라 있었다.

"언니, 그러기야? 응원하고 축하는 못해줄망정 뭘 그딴 식으로 얘길 하냐고. 나한테 왜 이래, 대체 왜 이러냐고?"

동생은 나를 쏘아보고 있었다. 당장이라도 머리에서 불길이 솟아오를 것 같은 기세였다.

"그렇게 화낼 것까진 없잖아. 맹하게 굴지 말고 잘 생각해 보고 결정하라는 거지."

나는 서투르게 사태를 수습하려 했지만 이미 엎질러진 물이었다. 동생의 말에 내가 왜 그렇게 반응했는지 나도 모르겠다. 내가 조금만 더 냉정하고 이성적으로 행동했더라면 얼마나 좋았을까 하고 그 순간 후회했다. 결국 동생은 분노에 차, 입에 성능 좋은 모터를 달고 있는 사람처럼 끝없이 말들을 쏟아내다가 방을 나갔다. 나는 서둘러 불을 끄고 침대에 누웠다. 엄마는 벌써 잠에 빠져 있을 시각이었다. 나는 밤새도록, 엎치락뒤치락하며 잠을 이루지 못했다.

최근 내 삶에서 가장 마음에 들지 않는 부분은 내가 언니로 태어났다는 점이었다. 잔인한 출생 순서 같았다. 나는 자주 이런 생각을 하는 편이었고 동생 역시 그런 생각을 할 것이었다. 요즘 나는 아주 작은 일에도 예민하게 군다. 그래서 마음이 답답했다. 누군가에게 내 상황에 대해 이야기를 할 수 있다면 마음이 편할 것 같았다.

나는 소개팅 남자의 말이 떠올랐다. 답답한 마음이 너무나 커서 그에게 전화를 걸었다. 남자는 생각보다 빨리 커피숍에 나타났다.

"와, 정말 놀랐어요. 나한테 전화할 거라고는 상상을 못 했거든요."

"우리 친구하기로 했잖아요. 너무 빨리 전화해서 실망했어요?"

"아이고, 그럴 리가요. 며칠 전 원장님과 통화했을 때 원장님이 그러시더라고요. 한 선생이 마음에 안 들어 하는 것 같더라고."

말을 마친 그의 얼굴은 잔뜩 들뜬 기색이었다. 그 표정을 보자 나쁜 뜻은 아닐지라도 이런 식으로 그를 불러낸 것이 미안했다. 남자가 말했다.

"요즘 제일 관심 가는 게 뭐예요?"

그는 여전히 눈을 반짝대며 웃고 있었다.

"집이요."

"집이라…… 예쁜 집 구경하려면 남해 독일 마을이 최곤데. 우리 거기 가볼까요?"

"전 예쁜 집을 원하는 게 아니라 제가 살 집을 원해요."

"아이고, 너무 앞서 가신다. 우리 살 집은 차차 마련하면 되는 거고. 언제 드라이브도 할 겸 여행 갈래요?"

나는 끝내 입술 끝으로 픽 웃음을 흘리고 말았다. 분위기 탓인가. 이 사람, 만날수록 이상하게 편하고 익숙한 느낌이 들었다. 왜 낯설지가 않지? 나는 한 가지 문제를 두고 여러 날에 걸쳐 생각하고 또 생각하지는 않는 편이다. 그런데 요즘은 평소 습관과 다른 습관을 갖게 되었다. 나는 여전히 기회가 있을 때마다 일종의 몰입 상태에 빠져 내 머릿속의 시간을 자꾸만 거꾸로 돌렸다.

화창한 날이었다. 남자의 차로 세 시간쯤 달려 청도에 도착했다. 우리는 운문사로 향하는 솔밭 길을 함께 걸었다. 소개팅 남자는 기온이 아직 더울 정도는 아닌데도 반팔 차림이었다. 우리의 앞으로 30여 명의 순례 행렬 같은 관광객 무리가 지나갔다. 우린 한동안 우리보다 앞서 걸어가는 그 무리의 뒤를 따라 숲길을 걸었다. 하지만 요란한 웃음과 온몸에 활기로 넘쳐나는 그들의 걸음을 따라가기는 쉽지 않았다. 게다가 우리는 특별히 서두를 일이 없었으므로 쉬어가기로 했다.

눈앞에 보이는 키 큰 소나무들 사이로 평평한 바위가 보였다. 그곳엔 나무들 사이로 햇빛이 비쳐들고 있었다. 나는 바위 위에 걸터앉았다. 남자도 옆에 와서 앉았다. 둘이서 한참 동안 입을 다문 채 멍하니 눈앞의 풍경을 보았다. 봄이라서 온통 싱그러운 연둣빛이었다. 코끝에 솔잎의 냄새가 돌았다. 그 냄새는, 숨이 막힐 지경인 내 마음을 여름날 베란다에서 만난 한 줄기 바람처럼 진정시켜 주었다. 바람과 햇살, 물과 하늘… 자연은 분명 숲에만 있는 게 아닌데도, 그동안 제대로 느끼지 못하고 살았다는 생각이 들었다.

나는 휴게소에서 구입한 생수를 그에게 건넸다. 우리는 물 몇 모금을 들이켰다. 기분이 한결 나아졌다. 바위에 앉아 연둣빛 세상을 보는 동안 억눌렸던 무언가가 슬그머니 빠져나가고, 침울했던 기분이 반쯤 원래대로 돌아와 있었다. 건너편에는 학생들이 무리 지어 다니며 사진을 찍어 댔다.

잠깐의 휴식을 마치고, 나는 남자의 발걸음에 맞춰 걸었다. 내가 힘들다고 느낄 즈음 갑자기 남자가 걸음을 멈추어 섰다. 남자는 우리 앞에 나타난 담장을 보고 있었다. 그제야 운문사에 도착했다는 것을 알았다.

드디어 담장 넘어 운문사가 보였다. 운문사 경내에는 알록달록한 색상의 연등이 빼곡히 달려 있었다. 화려했다. 우리는 그곳의 처진 소나무를 보았고, 눈이 부시도록 환한 왕벚꽃나무 그늘 아래도 서 보았다. 그곳엔 바람이 불 때마다 꽃잎이 함박눈처럼 쏟아져 내려 바닥엔 이미 분홍빛 꽃잎들로 가득 덮여 있었다. 아주 잠깐이지만, 내 인생이 이렇게 환했으면 좋겠다는 생각을 했다. 그러다가 남자에게 눈길을 돌리니, 남자 역시 살랑거리는 봄바람과 은은한 소나무 향에 취해 콧노래를 흥얼거리고 있었다. 그는 기분이 좋아 보였다.

남자는 절을 내려오는 길에 계곡의 청명한 물소리를 들으며 물었다.

"전 여행을 아주 좋아해요. 우리, 가끔씩 이렇게 다녀도 나쁠 것 같진 않은데, 같이 다닐래요?"

"나쁘진 않은데요."

울창한 숲길 사이로 난 오솔길을 따라 걷는 동안 적어도 친구가 되려면 취미든, 버릇이든 하나쯤은 같은 게 있어야 하지 않을까 하는 생각이 문득 들었다.

그가 한동안 말이 없다가 입을 열었다.

"이제 와서 하는 말인데, 사실 처음 소개팅 자리에서 구면 같다, 라는 생각을 했어요. 그런 이유에서 당신을 계속 만나고 싶어 했던 거예요. 당신은 이상하게 익숙한 사람처럼 느껴졌어요. 마치 과거에도 당신과 함께 지낸 듯한 느낌이 들었거든요. 우리, 예전에 만난 적 있지 않나요?"

"……."

순간 내 머릿속에는 우리가 처음 만난 날의 기억들이 떠올랐다. 유사 체험…… 그러니까 남자 역시 나와 같은 생각을 하고 있었다는 이야기인 것이다. 그 생각이 결코 내 마음속에서 만들어 낸 허상이거나 착각이 아니라는 소리다. 실제로 우리가 언제 어떻게 만난 사이였는지는 모른다. 아주 오래된 일이라서 기억이 잘 안 나는 것일 수도 있고, 유년의 어떤 시기에 만났을 수도 있다. 중요한 건 어떻게 서로가 그런 느낌을 동시에 가질 수 있었는지 묘한 느낌이 든다는 것이다.

남자의 고백은 내 가슴 밑바닥으로 가볍게 가라앉으며

마음을 살짝 흔들었다.

내 걸음은 차츰 느려졌다. 나는 고개를 숙이고 앞질러 가는 남자의 발꿈치를 바라보며 생각에 잠겼다. 잠시 뒤 내가 다시 고개를 들었을 때, 저만치 앞서 가는 그의 등 뒤로 봄 햇살이 내리비치고 있었다. 새삼스레 그 따뜻한 햇살이 뜨거운 오븐 안의 치즈처럼 사람의 마음까지도 녹아내리게 할 수 있겠구나, 하는 생각을 했다.

저 멀리 앞서가던 남자가 멈춰 서 있었다. 갑자기 그의 입이 벌어졌다. 바람결에 그 남자가 외치는 소리가 들려왔다.

"다음번엔 어디로 가볼까요?"

갈무리문학회 소개

갈무리문학회는 지역문학의 활성화와 회원들의 문예창작력을 제고하고 우호를 도모하기 위하여 결성되었다.

제1기 : 창립 단계
1986년 9월 30일 창립 초기에는 주로 시를 창작하고 정기모임을 통하여 시를 합평했으며 56회까지 회보를 발행하였다.

제2기 : 시화전 전시 단계
시화를 만들어 야외에서 전시함으로 독자들과 만나는 시간을 갖게 되었는데 〈그림과의 만남〉 시화전까지 6회가 실시되었다.

제3기 : 아카데미 단계
전국 중견 작가들을 초청하여 시민 및 문학인들에게 문예창작 강의를 실시하였는데, 제1회 송수권, 제2회 정일근, 제3회 문태준, 제4회 문인수, 제5회 허형만, 제6회 안도현, 제7회 천양희등 7회를 실시하였으며 지역에서 전국적 범위로 문학적 교류를 확대하던 시기였다.

제4기는 : 여수지역 문화인식 단계
여수지역의 인문, 사회, 문화, 예술, 먹거리와 볼거리를 망라한 여수사랑 동인시집 『여수의 바다는 달고 푸르다』를 출간했다.

제5기는 : 섬, 문학기행 단계
여수지역 사람이 살고 있는 유인도 24개 섬 지역을 문학기행 후 시창작 활동을 하였고 동인시집 『여수, 섬에 물들다』를 발간했다.

제6기는 : 개인 시집 출판 및 각종 문학상 수상 단계
회원 12명 중 10명이 개인 시집을 1-2권씩 출판하였으며 회원들은 현재 신춘을 비롯하여, 각종신인상, 한려문학상, 세종나눔문학도서선정, 해양문학상, 젊은 예술가상, 5,18문학상, 등대문학상, 리토피아문학상 등 다양한 문학상을 수상하면서 활동하고 있다.

제7기는 : 사찰 문학기행 단계
체험과 발견 그리고 적용, 견문을 넓히기 위하여 남도지역 사찰 기행을 계획 실시하였는데, 22개소를 문학기행 후 이번에 『그림자로도 저 많은 꽃을 피우시네』 시집을 내게 되었다.

갈무리문학회 32년은 끊임없이 배우고 성찰하며 성장해 온 과정이다. 앞으로도 갈무리문학회는 작가 정신을 가지고 더욱 치열하게 글을 쓰고 갈무리하는 문학회가 되고 글로서 시대적 사명을 다하기 위하여 노력하는 문학회가 되겠다.

갈무리문학회 편집위원회

회원 약력

김민영
전남 여수 출생
단편소설 『당신, 물때를 기다리는 동안』
springf0511@hanmail.net

김수자
충북 진천 출생
《문학시대》 등단
시집 『불쑥』
fs5882@hanmail.net

박해미
전남 여수 출생
《예술세계》 등단
시집 『꽃등을 밝히다』
pjd5151@korea.kr

박혜연
전남 승주 출생
《시대문학》 등단
시집 『붉은 활주로』
sappo519@hanmail.net

우동식
경남 함양 출생
《정신과 표현》 등단
시집 『바람평설』, 시해설집 『바다갤러리』
debtors77@hanmail.net

이생용
전남 승주 출생
《리토피아》 등단
시집 『우화』
runing99@hanmail.net

임호상
전남 보성 출생
《정신과 표현》 등단
시집 『조금새끼로 운다』, 『여수의 노래』
sori2020@hanmail.net

성미영
전남 완도 출생
광주전남작가회의 《작가》 등단
smy2616@daum.net

송정현
강원도 동해 출생
《리토피아》 등단
시집 『꽃잎을 번역하다』
song7505@hanmail.net

최향란

전남 여수 출생

《리토피아》 등단

시집 『밖엔 비, 안엔 달』

lan671226@hanmail.net

하병연

경남 산청 출생

〈농민신문〉 신춘문예 시 당선

시집 『희생』, 『매화에서 매실로』

soil-poem@hanmail.net

황영선

전남 벌교 출생

《문학시대》 등단

시집 『살아 있었습니까』

ssun4158@hanmail.net

갈무리문학회 사찰기행시집

그림자로도 저 많은 꽃을 피우시네

2018년 11월 30일 초판 1쇄 발행

지은이 갈무리문학회
펴낸이 윤영진
편 집 함순례
디자인 한천규
펴낸곳 도서출판 애지
등록 제2005-000005호
주소 34570 대전광역시 동구 대전천북로 12
전화 042 637 9942
팩스 042 635 9941
전자우편 simji42@hanmail.net

ISBN 978-89-92219-79-2 03810

* 이 책은 문화체육관광부, 전라남도, 전라남도문화관광재단 지원을 받아 출간되었습니다.